Tre racconti

Leonardo Sciascia

Tre racconti

Il lungo viaggio - Il mare colore del vino - L'esame

Worterklärungen von
Loredana Zanne

Ernst Klett Sprachen
Stuttgart

1. Auflage 1 [5 4 3 2 1] | 2023 22 21 20 19

Originalausgabe: „Il mare colore del vino" (Einaudi)

Internetadresse: www.klett-sprachen.de

Worterklärungen von Loredana Zanne

Redaktion: Elena Bergmann
Layoutkonzeption: Elmar Feuerbach
Gestaltung und Satz: Joachim Schrimm, bostext, Friolzheim
Umschlaggestaltung: Andreas Drabarek
Titelbild: Shutterstock (Arman Novic), New York
Bild S.53: picture alliance/Leemage
Tonaufnahmen und Schnitt:
Andreas Nesic, Stuttgart
Sprecher: Antonino Quattrone
Druck und Bindung: Salzland Druck, Staßfurt

Printed in Germany

ISBN 978-3-12-565904-9

9 783125 659049

Indice

Zu diesem Buch gibt es eine Hörfassung, die mit der Klett-Augmented-App geladen und abgespielt werden kann.

Klett-Augmented-App kostenlos downloaden und öffnen | Bilderkennung starten und diese Seite scannen | Medien laden, direkt nutzen oder speichern

IL LUNGO VIAGGIO

Era una notte che pareva fatta apposta, un'oscurità cagliata che a muoversi quasi se ne sentiva il peso. E faceva spavento, respiro di quella belva che era il mondo, il suono del mare: un respiro che veniva a spegnersi ai loro piedi.

Stavano, con le loro valige di cartone e i loro fagotti, su un tratto di spiaggia pietrosa, riparata da colline, tra Gela e Licata: vi erano arrivati all'imbrunire, ed erano partiti all'alba dai loro paesi; paesi interni, lontani dal mare, aggrumati nell'arida plaga del feudo. Qualcuno di loro, era la prima volta che vedeva il mare: e sgomentava il pensiero di dover attraversarlo tutto, da quella deserta spiaggia della Sicilia, di notte, ad un'altra deserta spiaggia dell'America, pure di notte. Perché i patti erano questi: «Io di notte vi imbarco» aveva detto l'uomo: una specie di commesso viaggiatore per la parlantina, ma serio e onesto nel volto «e di notte vi sbarco: sulla spiaggia del Nugioirsi, vi sbarco; a due passi da Nuovaiorche... E chi ha parenti in America, può scrivergli che aspettino alla stazione di Trenton, dodici giorni dopo l'imbarco... Fatevi il conto da voi... Certo, il giorno preciso non posso assicurarvelo: mettiamo che c'è mare grosso, mettiamo che la guardia costiera stia a vigilare... Un giorno più o un giorno meno, non vi fa niente: l'importante è sbarcare in America».

L'importante era davvero sbarcare in America: come e quando non aveva poi importanza. Se ai loro parenti arrivavano le lettere, con quegli indirizzi confusi e sgorbi che riuscivano a tracciare sulle buste, sarebbero arrivati anche loro; «chi ha lingua passa

1 **un'oscurità cagliata** *qui*: stockfinster – 3 **una belva** bestia, animale selvaggio – 5 **un fagotto** involto, bagaglio (Bündel) – 8 **aggrumato** *lett* aneinandergeschmiegt (→ il grumo) – 8 **ạrido** secco – 8 **plaga del feudo** *lett* terra delle proprietà padronali – 10 **sgomentare** intimorire, spaventare, terrorizzare – 14 **la parlantina** Zungenfertigkeit – 15 **Nugioirsi** New Jersey (*approssimativa pronuncia inglese*) – 16 **Nuovaiorche** (*approssimativa pronuncia inglese*) New York – 25 **sgọrbio** scritto male (gekritzelt) – 26 **chi ha lingua passa il mare** *prov siciliano qui* chi sa parlare sa navigare

il mare», giustamente diceva il proverbio. E avrebbero passato il mare, quel grande mare oscuro; e sarebbero approdati agli stori e alle farme dell'America, all'affetto dei loro fratelli zii nipoti cugini, alle calde ricche abbondanti case, alle automobili grandi come case.

Duecentocinquantamila lire: metà alla partenza, metà all'arrivo. Le tenevano, a modo di scapolari, tra la pelle e la camicia. Avevano venduto tutto quello che avevano da vendere, per racimolarle: la casa terragna il mulo l'asino le provviste dell'annata il canterano le coltri. I più furbi avevano fatto ricorso agli usurai, con la segreta intenzione di fregarli; una volta almeno, dopo anni che ne subivano angaria: e ne avevano soddisfazione, al pensiero della faccia che avrebbero fatta nell'apprendere la notizia. 'Vieni a cercarmi in America, sanguisuga: magari ti ridò i tuoi soldi, ma senza interesse, se ti riesce di trovarmi'. Il sogno dell'America traboccava di dollari: non più, il denaro, custodito nel logoro portafogli o nascosto tra la camicia e la pelle, ma cacciato con noncuranza nelle tasche dei pantaloni, tirato fuori a manciate: come avevano visto fare ai loro parenti, che erano partiti morti di fame, magri e cotti dal sole; e dopo venti o trent'anni tornavano, ma per una breve vacanza, con la faccia piena e rosea che faceva bel contrasto coi capelli candidi.

Erano già le undici. Uno di loro accese la lampadina tascabile: il segnale che potevano venire a prenderli per portarli sul piroscafo. Quando la spense, l'oscurità sembrò più spessa e paurosa. Ma qualche minuto dopo, dal respiro ossessivo del mare affiorò un più umano, domestico suono d'acqua: quasi

2 **approdare** avvicinarsi alla costa – 3 **stori** stores *ingl* – 3 **farme** farms *ingl* – 7 **uno scapolare** *Heiligenbild aus Stoff, das von Mönchen an der Brust getragen wird* – 9 **racimolare** raccogliere, raccattare – 9 **terragno** *qui* modesta – 10 **un canterano** *arcaico* cassettone – 10 **una coltre** *arcaico* Bettdecke – 11 **un usuraio** Wucherer – 11 **fregare qu** *fig* truffare, imbrogliare – 12 **subire angaṛia** *arcaico per* «subire un'angheria» schikaniert werden – 14 **una sanguisuga** Blutegel, Blusauger – 16 **traboccare** *fig* abbondare, eccedere – 18 **cacciare** *qui* (hinein)stecken, stopfen – 19 **a manciate** *loc* mit vollen Händen – 22 **cạndido** bianco puro – 25 **un piṛoscafo** nave con motore a vapore – 27 **affiorare** apparire, galleggiare (auftauchen)

che vi si riempissero e vuotassero, con ritmo, dei secchi. Poi venne un brusìo, un parlottare sommesso. Si trovarono davanti il signor Melfa, ché con questo nome conoscevano l'impresario della loro avventura, prima ancora di aver capito che la barca aveva toccato terra.

«Ci siamo tutti?» domandò il signor Melfa. Accese la lampadina, fece la conta. Ne mancavano due. «Forse ci hanno ripensato, forse arriveranno più tardi... Peggio per loro, in ogni caso. E che ci mettiamo ad aspettarli, col rischio che corriamo?».

Tutti dissero che non era il caso di aspettarli.

«Se qualcuno di voi non ha il contante pronto» ammonì il signor Melfa «è meglio si metta la strada tra le gambe e se ne torni a casa: ché se pensa di farmi a bordo la sorpresa, sbaglia di grosso; io vi riporto a terra com'è vero dio, tutti quanti siete. E che per uno debbano pagare tutti, non è cosa giusta: e dunque chi ne avrà colpa la pagherà per mano mia e per mano dei compagni, una pestata che se ne ricorderà mentre campa; se gli va bene...».

Tutti assicurarono e giurarono che il contante c'era, fino all'ultimo soldo.

«In barca» disse il signor Melfa. E di colpo ciascuno dei partenti diventò una informe massa, un confuso grappolo di bagagli.

«Cristo! E che vi siete portata la casa appresso?» cominciò a sgranare bestemmie, e finì quando tutto il carico, uomini e bagagli, si ammucchiò nella barca: col rischio che un uomo o un fagotto ne traboccasse fuori. E la differenza tra un uomo e un fagotto era per il signor Melfa nel fatto che l'uomo si portava appresso le duecentocinquantamila lire; addosso, cucite nella giacca o tra la camicia e la pelle. Li conosceva, lui, li conosceva bene: questi contadini zaurri, questi villani.

2 **un brusịo** bisbiglio, mormorio – 2 **un parlottare sommesso** halblautes Flüstern – 7 **fare la conta** *loc* abzählen – 11 **ammonire** avvertire, avvisare – 12 **mẹttersi la strada tra le gambe** *loc fam* sich aus dem Staub machen – 17 **dare una pestata a qu** jdn zusammenschlagen – 17 **campare** *pop* sopravvivere, vivacchiare – 22 **un grạppolo** *qui* insieme di cose raggruppate – 24 **sgranare bestemmie** fluchen → bestemmiare – 30 **zaurro** (→ zaurdo) *dialetto siciliano* rozzo, grossolano

Il viaggio durò meno del previsto: undici notti, quella della partenza compresa. E contavano le notti invece che i giorni, poiché le notti erano di atroce promiscuità, soffocanti. Si sentivano immersi nell'odore di pesce di nafta e di vomito come in un liquido caldo nero bitume. Ne grondavano all'alba, stremati, quando salivano ad abbeverarsi di luce e di vento. Ma come l'idea del mare era per loro il piano verdeggiante di messe quando il vento lo sommuove, il mare vero li atterriva: e le viscere gli si strizzavano, gli occhi dolorosamente verminavano di luce se appena indugiavano a guardare.

Ma all'undicesima notte il signor Melfa li chiamò in coperta: e credettero dapprima che fitte costellazioni fossero scese al mare come greggi; ed erano invece paesi, paesi della ricca America che come gioielli brillavano nella notte. E la notte stessa era un incanto: serena e dolce, una mezza luna che trascorreva tra una trasparente fauna di nuvole, una brezza che dislagava i polmoni.

«Ecco l'America» disse il signor Melfa.

«Non c'è pericolo che sia un altro posto?» domandò uno: poiché per tutto il viaggio aveva pensato che nel mare non ci sono né strade né trazzere, ed era da dio fare la via giusta, senza sgarrare, conducendo una nave tra cielo ed acqua.

Il signor Melfa lo guardò con compassione, domandò a tutti «E lo avete mai visto, dalle vostre parti, un orizzonte come questo? E non lo sentite che l'aria è diversa? Non vedete come splendono questi paesi?».

Tutti convennero, con compassione e risentimento guardarono quel loro compagno che aveva osato una così stupida domanda.

4 **la nafta** Dieselöl – 5 **il bitume** Teer – 6 **stremato** sfinito, spossato – 7 **una messe** *lett* Getreide – 8 **atterrire** impaurire (→ la paura), spaventare (→ lo spavento) – 8 **le vịscere gli si strizzavano** der Magen drehte sich ihnen um – 9 **verminare** *voce dotta qui* formicolavano dopo il lungo buio – 11 **in coperta** *mar* auf Deck – 13 **un gregge** gruppo di animali *fig* insieme di persone senza volontà autonoma – 16 **dislagare** *arcaico lett* allargare – 21 **una trạzzera** *voce siciliana e calabrese* sentiero per animali – 22 **sgarrare** sbagliare, errare

«Liquidiamo il conto» disse il signor Melfa.

Si frugarono sotto la camicia, tirarono fuori i soldi.

«Preparate le vostre cose» disse il signor Melfa dopo avere incassato.

Gli ci vollero pochi minuti: avendo quasi consumato le provviste di viaggio, che per patto avevano dovuto portarsi, non restava loro che un po' di biancheria e i regali per i parenti d'America: qualche forma di pecorino qualche bottiglia di vino vecchio qualche ricamo da mettere in centro alla tavola o alle spalliere dei sofà. Scesero nella barca leggeri leggeri, ridendo e canticchiando; e uno si mise a cantare a gola aperta, appena la barca si mosse.

«E dunque non avete capito niente?» si arrabbiò il signor Melfa. «E dunque mi volete fare passare il guaio?... Appena vi avrò lasciati a terra potete correre dal primo sbirro che incontrate, e farvi rimpatriare con la prima corsa: io me ne fotto, ognuno è libero di ammazzarsi come vuole... E poi, sono stato ai patti: qui c'è l'America, il dover mio di buttarvici l'ho assolto... Ma datemi il tempo di tornare a bordo, Cristo di Dio!».

Gli diedero più del tempo di tornare a bordo: ché rimasero seduti sulla fresca sabbia, indecisi, senza saper che fare, benedicendo e maledicendo la notte: la cui protezione, mentre stavano fermi sulla spiaggia, si sarebbe mutata in terribile agguato se avessero osato allontanarsene.

Il signor Melfa aveva raccomandato «sparpagliatevi» ma nessuno se la sentiva di dividersi dagli altri. E Trenton chi sa quant'era lontana, chi sa quanto ci voleva per arrivarci.

Sentirono, lontano e irreale, un canto. 'Sembra un carrettiere nostro', pensarono: e che il mondo è ovunque lo stesso, ovunque l'uomo spreme in canto la stessa malinconia, la stessa pena. Ma

2 **frugarsi** an sich herumsuchen – 14 **fare passare il guaio a qu** *region per* «mettere qu nei guai» jdn in Schwierigkeiten bringen – 15 **uno sbirro** *spreg* Bulle – 16 **me ne fotto** *volg* Das ist mir scheißegal – 23 **mutarsi** trasformarsi, divenire – 24 **un agguato** *fig* trappola, inganno – 25 **sparpagliarsi** sich zerstreuen, verteilen – 30 **sprẹmere** *arcaio* esprimere, manifestare

erano in America, le città che baluginavano dietro l'orizzonte di sabbia e d'alberi erano città dell'America.

Due di loro decisero di andare in avanscoperta. Camminarono in direzione della luce che il paese più vicino riverberava nel cielo. Trovarono quasi subito la strada: 'asfaltata, ben tenuta: qui è diverso che da noi', ma per la verità se l'aspettavano più ampia, più dritta. Se ne tennero fuori, ad evitare incontri: la seguivano camminando tra gli alberi.

Passò un'automobile: 'pare una seicento'; e poi un'altra che pareva una millecento, e un'altra ancora: 'le nostre macchine loro le tengono per capriccio, le comprano ai ragazzi come da noi le biciclette'. Poi passarono, assordanti, due motociclette, una dietro l'altra. Era la polizia, non c'era da sbagliare: meno male che si erano tenuti fuori della strada.

Ed ecco che finalmente c'erano le frecce. Guardarono avanti e indietro, entrarono nella strada, si avvicinarono a leggere: Santa Croce Camerina-Scoglitti.

«Santa Croce Camerina: non mi è nuovo, questo nome».

«Pare anche a me; e nemmeno Scoglitti mi è nuovo».

«Forse qualcuno dei nostri parenti ci abitava, forse mio zio prima di trasferirsi a Filadelfia: ché io ricordo stava in un'altra città, prima di passare a Filadelfia».

«Anche mio fratello: stava in un altro posto, prima di andarsene a Brucchilin… Ma come si chiamasse, proprio non lo ricordo: e poi, noi leggiamo Santa Croce Camerina, leggiamo Scoglitti; ma come leggono loro non lo sappiamo, l'americano non si legge come è scritto».

«Già, il bello dell'italiano è questo: che tu come è scritto lo leggi… Ma non è che possiamo passare qui la nottata, bisogna

1 **baluginare** aufleuchten, aufblitzen – 3 **andare in avanscoperta** *loc mil* auf Erkundung gehen – 4 **riverberare** riflettere la luce – 7 **tenẹrsene fuori** *regionale per* «tenersi alla larga» *fig* star lontano da qu o da qc per evitare eventuali pericoli o noie – 9 **seicento, . . ., millecento** autovetture FIAT degli anni '60 – 12 **assordante** ohrenbetäubend (→ il sordo) – 15 **una freccia** Pfeil *qui* Richtungspfeil – 24 **Brucchilin** (*approssimativa pronuncia inglese*) Brooklyn

farsi coraggio... Io la prima macchina che passa, la fermo: domanderò solo "Trenton?"... Qui la gente è più educata... Anche a non capire quello che dice, gli scapperà un gesto, un segnale: e almeno capiremo da che parte è, questa maledetta Trenton».

Dalla curva, a venti metri, sbucò una cinquecento: l'automobilista se li vide guizzare davanti, le mani alzate a fermarlo. Frenò bestemmiando: non pensò a una rapina, ché la zona era tra le più calme; credette volessero un passaggio, aprì lo sportello.

«Trenton?» domandò uno dei due.

«Che?» fece l'automobilista.

«Trenton?».

«Che trenton della madonna» imprecò l'uomo dell'automobile.

«Parla italiano» si dissero i due, guardandosi per consultarsi: se non era il caso di rivelare a un compatriota la loro condizione.

L'automobilista chiuse lo sportello, rimise in moto. L'automobile balzò in avanti: e solo allora gridò ai due che rimanevano sulla strada come statue «ubriaconi, cornuti ubriaconi, cornuti e figli di...», il resto si perse nella corsa.

Il silenzio dilagò.

«Mi sto ricordando» disse dopo un momento quello cui il nome di Santa Croce non suonava nuovo «a Santa Croce Camerina, un'annata che dalle nostre parti andò male, mio padre ci venne per la mietitura».

Si buttarono come schiantati sull'orlo della cunetta: ché non c'era fretta di portare agli altri la notizia che erano sbarcati in Sicilia.

3 **scappare** *fig* entgleiten, entgehen – 6 **sbucare** apparire, comparire – 7 **guizzare** balzare, saltare (schnellen) – 13 **(che) ...della madonna** *pop volg* esprime collera, impazienza o qualsiasi emozione profonda *qui:* zum Teufel – 13 **imprecare** fluchen – 18 **balzare (in) avanti** einen Satz nach vorn machen – 19 **un ubriacone** Säufer – 19 **cornuto** *agg* e *sost m fig* Gehörnter, Hornochse – 25 **una mietitura** Getreideernte (→ mietere) – 26 **schiantare** zerbrechen, zerschmettern – 26 **un orlo** bordo, ciglio – 26 **una cunetta** Straßengraben

IL MARE COLORE DEL VINO

Il treno che nell'estate parte da Roma alle 20,50 – diretto per Reggio Calabria e Sicilia, annuncia dall'altoparlante una voce femminile che, nel rivolo dei viaggiatori che si muove verso quel treno, un rivolo che trascina valige legate con la cordicella e mappate di tela, evoca e sospende tra i fili della stazione Termini, verso il cielo della sera, un volto femminile di appena sfiorita bellezza – porta una vettura di prima classe Roma-Agrigento: enorme privilegio sollecitato e mantenuto da tre o quattro deputati della Sicilia occidentale. In verità, dei treni diretti al sud, questo è il meno affollato: in seconda classe sono pochi i viaggiatori che non trovano posto a sedere; e in prima, specialmente nella vettura per Agrigento, è possibile avere uno scompartimento tutto per sé – basta spegnere la luce, tirare le tendine e distribuire bagagli e giornali sui sedili: almeno fino a Napoli, e se volete essere prudenti fino a Salerno. Superata Salerno, potete mettervi a dormire, magari in canottiera o addirittura in pigiama, che nessuno verrà a cercar posto proprio nello scompartimento vostro. Ma questa comodità relativamente ai posti la si sconta ad usura sugli orari: perciò i siciliani preferiscono il direttissimo che partendo due ore prima arriva ad Agrigento, estrema stazione, con un vantaggio sul diretto di almeno sette ore.

Ma all'ingegnere Bianchi, che per la prima volta si trovava a fare un viaggio in Sicilia – a Gela precisamente: e non per turismo – e non era riuscito a trovar posto nell'aereo, consigliarono il diretto e la vettura Roma-Agrigento: e di prenotare il posto, che c'era il rischio di passare una notte nel corridoio. Consigli uno peggio dell'altro, e particolarmente quello della prenotazione: che in uno scompartimento di posti prenotati si trovano sempre

3 **un rịvolo** *fig* fiotto, flusso – 5 **una mappata di tela** Stoffbündel – 12 **una vettura** Wagen – 18 **uno scompartimento** Abteil – 19 **scontare** *fig* portare le conseguenze di un errore – 19 **ad usura** *fig* reichlich, erheblich

tante persone quanti sono i posti, mentre in altri scompartimenti, senza prenotazione, c'è tutta la possibilità di restar soli. Grazie ai consigli, come sempre accade, l'ingegner Bianchi si trovò a fare un viaggio scomodo: in compagnia di cinque persone, tre adulti e due bambini; gli adulti loquacissimi, e maleducati i bambini.

Dei tre adulti, due erano padre e madre dei maleducati bambini; e aggregata alla famigliola, per parentela o per amicizia o per casuale conoscenza, era una ragazza di una ventina d'anni, a prima vista scialba e vestita di un monacale nero profilato di bianco. I bambini le stavano addosso: il più grande appoggiandosi come pieno di sonno, il più piccolo arrampicandosi fino ad abbracciarle il collo e a strapparle i capelli e poi ridiscendendo a terra, ad accularsi, in movimento continuo. Il grande si chiamava Lulù e il piccolo Nené: diminutivi, apprendeva l'ingegner Bianchi un po' prima di arrivare a Formia, rispettivamente di Luigi ed Emanuele. Ma prima di arrivare a Formia l'ingegnere sapeva quasi tutto sui quattro della famiglia e sulla ragazza che a loro si accompagnava. Erano di Nisima, un paese in provincia di Agrigento: un grosso paese contadino ricco di territorio e con ricchi proprietari; arioso; amministrato dai socialcomunisti; patria di un pezzo grosso del regime fascista; senza stazione ferroviaria; con un antico castello. Marito e moglie insegnavano alle elementari; ed anche la ragazza, ma non ancora da titolare, per incarico. Era venuta a Roma, la famiglia, perché un fratello della moglie, Ministero della Difesa, gruppo A, una potenza nel ramo pensioni, si era sposato con una di Roma: ragazza seria, di ottima famiglia, il padre Ministero Pubblica Istruzione, gruppo A; la sposa laureata in lettere, insegnante in una scuola privata; bella ragazza, alta, bionda. Si erano sposati

5 **loquace** che parla molto – 8 **aggregato** unito, messo insieme – 10 **scialbo** ≠ vivace, brioso – 10 **monacale** → **monaco** Mönch – 10 **profilato** bordato, orlato – 11 **stare addosso a qu** *loc* jdm auf den Pelz rücken – 12 **arrampicarsi** scalare, salire – 14 **accularsi** (→ culo) *spreg* sich hinhocken – 25 **un titolare** *qui* als verbeamteter Lehrer – 25 **un incạrico** *qui* als Lehrbeauftragte(r)

proprio quel giorno, a San Lorenzo in Lucina: bella chiesa; non quanto quella di Sant'Ignazio, ma bella. Testimoni di gruppo A. La ragazza che era stata loro affidata per il viaggio di ritorno – da un fratello, Ministero Grazia e Giustizia, gruppo A – era invece venuta a Roma per svagarsi: aveva superata una grave malattia, il vestito nero profilato di bianco lo portava per voto a san Calogero, che era protettore di Nisima, miracolosissimo Santo. A Roma, con tante chiese che c'erano, non una dedicata a san Calogero: «e come è possibile» si chiedeva la moglie; «non una chiesa, non un altare. Ed era un gran Santo».

Il marito un po' di san Calogero scetticamente sorrideva. La ragazza disse che, da bambina, lei di san Calogero aveva paura: nero di faccia, nero di barba, nero il manto; e, per la verità, il voto al Santo non era stata lei a farlo ma sua madre; come se l'avesse fatto lei, però: ancora per un mese, ed era il sesto, doveva portare il vestito nero profilato di bianco.

«Nel crogiolo dell'anno: con questo caldo che fonde le pietre» disse il marito.

«E che voto sarebbe, allora?» si risentì la moglie. «Senza un po' di sofferenza il voto non può andare».

«E non basta che tutta Roma si voltava a guardarmi?» disse la ragazza.

«Non basta: mortificazione e sofferenza, queste due cose ci vogliono a sciogliere un voto» disse con sicurezza la signora.

La ragazza fece una lieve smorfia di irrisione. E di colpo l'ingegnere la vide diversa. Aveva un bel seno sotto quel tetro vestito, un bel corpo. Ed occhi luminosi.

«Sciolgo un voto» disse il bambino più piccolo sciogliendosi le scarpe e calciando per lanciarle in aria. Una scarpa gli rimase attaccata, l'altra colpì al petto l'ingegnere.

2 **un testimone** *qui* Trauzeuge – 3 **affidare** anvertrauen – 5 **svagarsi** (→ lo svago) divertirsi, distrarsi – 6 **un voto** Gelübde – 7 **(Santo) protettore** Schutzheiliger (→ proteggere) – 17 **nel crogiolo** *qui* nel periodo più caldo – 21 **voltarsi** sich umdrehen – 23 **una mortificazione** avvilimento, umiliazione (Demütigung) – 25 **una smorfia di irrisione** spöttische Grimasse – 26 **tetro** scuro, cupo, funereo – 28 **sciọgliere un voto** ein Gelübde erfüllen, lösen

«Nené!» urlarono padre e madre per ammonizione e minaccia. Domandarono scusa all'ingegnere, l'ingegnere restituendo la scarpa disse «ma di niente: i bambini, si sa...» ed era stato davvero niente, non sapeva quel che Nené e Lulù gli riserbavano per il lungo viaggio: da Napoli, dove del tutto si scatenarono, a Canicattì.

«Questa storia dei voti!» disse il marito continuando il discorso mentre rimetteva la scarpa a Nené. «Roba vecchia quanto il cucco: superstizione, ignoranza...».

«Ma tu la Scala Santa te la sei fatta» polemizzò acre la moglie.

«Che c'entra?» disse il marito: colpito a morte, si vedeva.

«C'entra: lasciamo giudicare il signore se c'entra o non c'entra» disse implacabile la moglie. L'ingegnere fece un mezzo sorriso e un timido gesto di rinuncia.

«No» disse la signora «deve dirglielo lei se c'entra o non c'entra che lui va a farsi la Scala Santa e poi ride dei voti che si fanno ai Santi».

«Me lo dica pure» incoraggiò il marito: con la gracile speranza di un'assoluzione.

«Che vuol dire farsi la Scala Santa?» chiese l'ingegnere: ma per prender tempo.

«Non lo sa?» si meravigliò la signora.

«Ne ho una vaga idea, forse un ricordo» disse l'ingegnere.

«Una vaga idea, un ricordo... Ma scusi: lei è o non è cattolico?».

«Sono cattolico, ma...».

«La pensa come me» scattò trionfante il marito.

«Tu la Scala Santa te la sei fatta» disse, a fulminarlo ancora, la moglie.

1 **una ammonizione** Warnung – 5 **scatenarsi** agitarsi eccessivamente (außer Rand und Band geraten) – 8 **vecchio quanto il cucco** *anche* **essere vecchio come il cucco** *loc* uralt (sein) – 9 **la superstizione** Aberglaube – 10 **la Scala Santa** *Reliquie in Rom, die zur Buße von Pilgern auf Knien bestiegen wird* – 10 **acre** *fig* scharf – 19 **una assoluzione** ≠ condanna, punizione – 26 **scattare** *fig* ≠ frenarsi, contenersi – 27 **fulminare** (→ il fulmine) *fig* annientare, distruggere

«Per farti compagnia» azzardò il marito.

«Voglio mangiare!» gridò Nené. «Voglio mortadella, voglio banane».

«E io voglio un'aranciata» disse Lulù.

«Mortadella niente, ti fa venire l'orticaria» disse la madre. Indicò macchioline rosse sulle braccia di Nené.

«Mortadella: o faccio come l'asino di don Pietro» disse Nené con una faccia che prometteva immediata attuazione.

«Come fa l'asino di don Pietro?» gli chiese la ragazza: divertita, ché evidentemente lo sapeva.

Nené scivolò dal sedile per dare una risposta figurata.

«Per carità!» gridarono padre e madre agguantandolo. L'asino di don Pietro, spiegarono all'ingegnere, usava strusciarsi a terra a gambe per aria, furiosamente. Nené riusciva a farne una perfetta imitazione.

Gli diedero mortadella.

«L'aranciata» gemette Lulù «l'aranciata l'aranciata...».

«A Napoli» promisero tutti, compreso l'ingegnere. Ad ottenere quel che voleva, Lulù si serviva di irresistibili lamenti, mentre Nené usava la minaccia e il ricatto. L'ingegnere preferiva i modi diretti e sbrigativi di Nené, il lamento di Lulù gli arpeggiava maledettamente i nervi.

Sbaciucchiato da padre e madre Lulù si placò. L'intermezzo era stato provvidenziale: lo scabroso argomento della Scala Santa era caduto.

«Lei non è sposato» affermò la signora dopo una rapida occhiata alla mano sinistra dell'ingegnere.

«La gente con la testa sulle spalle non si sposa» scherzò il marito.

«Questo è vero, se tu ti sei sposato» disse la moglie.

5 **l'orticaria** Nesselsucht – 11 **scivolare** rutschen – 12 **agguantare** *fig* afferrare, prendere – 13 **strusciarsi** strofinarsi (sich wälzen) – 21 **arpeggiare** *qui* höllisch auf die Nerven gehen – 23 **sbaciucchiare** abküssen – 23 **placarsi** tranquillizzarsi, quietarsi – 24 **scabroso** *fig* imbarazzante, delicato, scottante

«Io invece penso» disse l'ingegnere «che la gente con la testa sulle spalle, presto o tardi, sposa: io lo farò un po' tardi, ma lo farò».

«Lo senti?» disse la moglie, in rimprovero al marito. «Così parla la gente che ha senso».

«Ma io scherzo… Però, a voler parlare sul serio, in generale, oggettivamente, il matrimonio è un errore… Soggettivamente, personalmente, non ho ragione di lamentarmene: mia moglie, non dico per dire o perché lei è presente, è veramente un angelo» la signora chinò, improvvisamente radioso, il volto «e poi ci sono questi due angioletti…» accarezzò la testa di Nené, che gli era vicino: e per ricambiare Nené gli strofinò il musetto, lucido del grasso della mortadella, sulla camicia di seta cruda: camicia da cerimonia, che non aveva fatto a tempo a cambiarsi dopo il matrimonio del cognato.

«La camicia!» gridò la signora. Era ormai troppo tardi: fioriva di un grasso geroglifico.

«Gioia mia» disse il padre «la camicia a papà hai rovinato».

«Voglio ancora mortadella» disse Nené.

«Nomina ancora mortadella: e viene il maresciallo ad arrestarti» minacciò il padre.

«Non la nomino: la voglio» disse Nené prontamente aggirando il veto.

«È intelligente quanto un diavolo» disse il padre con orgoglio.

«La voglio» ribadì Nené.

«No no e no» disse il padre.

«Appena arriviamo a casa» disse Nené «a zia Teresina racconterò che l'avete sparlata con zio Totò».

«Noi l'abbiamo sparlata?» disse la madre mettendosi la mano sul petto, preoccupata ed accorata.

10 **chinare** piegare in basso, verso terra in segno di imbarazzo – 10 **un volto** *lett* viso, faccia – 22 **aggirare** *fig* evitare, eludere (umgehen) – 28 **sparlare** parlare male di qu – 30 **accorato** che esprime o provoca tristezza

«Tu e papà: avete detto a zio Totò che la zia è avara, che non si lava, che fa azioni maligne…» precisò Nené con feroce memoria.

«Gli do la mortadella» disse il padre.

«Dagliela» approvò la madre «e quando sarà tutto rosso d'orticaria, tutto prurito, andrà a farsi grattare da zia Teresina».

«Mi gratto contro il muro» disse Nené vittoriosamente afferrando la mortadella che il padre gli porgeva.

L'ingegnere vide, nel velo di silenziosa apprensione che scese sui genitori di Nené, acuto e mobile come quello di un furetto il volto di zia Teresina. Per distoglierli dall'ambascia disse «Siamo già a Napoli» che le luci della città già punteggiavano la notte.

L'annuncio scosse Lulù, che se ne stava come in dormiveglia languidamente appoggiato al fianco della ragazza: gridò che voleva l'aranciata.

Mentre il treno scivolava lungo il marciapiede, il grido «sfogliate sfogliate» incuriosì Nené. Il padre gli spiegò che si trattava di un dolce di pasta a sfoglia e di crema, Nené con entusiasmo, e col solito garbo, ne chiese uno. L'ingegnere offrì l'aranciata a Lulù e la sfogliata a Nené. Tanta gentilezza verso i bambini provocò un'ondata di ringraziamenti e una formale presentazione: professor Micciché, ingegnere Bianchi.

Nené, che già al primo morso aveva mostrato invincibile disgusto, come la bottiglia di spumante al varo di una nave, sulla festa della presentazione lanciò la sfogliata: evidentemente mirando alla testa di suo padre e per poco mancandola.

«Facchino» dissero padre e madre insieme.

«È una porcheria» disse Nené «voglio un cannolo».

6 **un prurito** Juckreiz – 9 **un velo** Schleier – 10 **un furetto** Frettchen *fig* vivace, astuto, malizioso – 11 **distogliere** ablenken – 11 **una ambascia** *fig lett* angoscia, pena – 14 **languido** debole ≠ energico, forte – 16 **scivolare** *qui* gleiten – 18 **una pasta a sfoglia** Blätterteig – 19 **un garbo** modo educato e cortese di agire, parlare e trattare con gli altri – 24 **un disgusto** nausea, ripugnanza (Ekel) – 24 **lo spumante** Schaumwein, Sekt – 24 **un varo** *mar* Stapellauf – 27 **un facchino** *fig* uomo grossolano, triviale (Rüpel) – 28 **una porcheria** *fig* cibo cattivo (Schweinefraß) – 28 **un cannolo** *mit Creme/Ricotta gefülltes Teigröllchen aus Sizilien*

«Un cannolo?» disse il professor Miccichè. «E come lo trovo, alla stazione di Napoli, un cannolo?».

«Me ne fotto: io voglio un cannolo» disse Nenè svelando una inclinazione al linguaggio forte fino a quel momento, dall'ingegnere, insospettata.

La ragazza rise. Il professor Miccichè e signora smaniarono di disperazione, minacciarono l'immediato arrivo del maresciallo con frusta e catene, pregarono l'ingegnere di guardare nel corridoio: ché il maresciallo, richiamato dal turpe linguaggio di Nenè, sicuramente stava per arrivare. L'ingegnere guardò nel corridoio, certificò la presenza del maresciallo.

«Il maresciallo è un cornutaccio» disse Nenè a bassa voce: aveva paura, ma non voleva cedere.

Una disputa si accese tra marito e moglie per stabilire dove e da chi Nenè avesse appreso le parolacce. Il circolo, dove di solito il padre lo conduceva nelle ore pomeridiane, era, secondo la signora, la bolgia del turpiloquio; e certi Calogero Mancuso e Luigi Finisterra i più diretti responsabili della corruzione linguistica di Nenè: giovani che non avevano niente da fare e pigliavano a passatempo l'innocenza di un bambino. «Lei non immagina nemmeno» disse la signora rivolta all'ingegnere «le cose che gli insegnano: cose d'inferno, persino sui Santi, persino sul Papa... Fortuna che il bambino le dimentica».

La smentita di Nenè fu immediata: «Il Papa è...» ma due mani, una della madre e una del padre, corsero a tamponargli la bocca, da dove la terribile definizione, come acqua dallo squarcio di una conduttura tappato con mezzi di fortuna, sibilò non del tutto indecifrabile.

3 **me ne fotto** *volg* Das ist mir scheißegal – 6 **smaniare** → **la smania** agitazione, inquietudine fisica e psichica dovuta a impazienza, nervosismo, tensione e simili – 9 **turpe** osceno, indecente, vergognoso – 12 **cornutaccio** *volg* Gehörnter – 15 **un cịrcolo** Club, Verein – 17 **una bolgia** Höllengraben, Höllenpfuhl – 17 **un turpiloquio** modo di parlare sboccato e volgare – 20 **pigliare** *fam* prendere – 24 **una smentita** Widerruf (→ smentire) – 25 **tamponare** chiudere, tappare – 26 **uno squarcio** spaccatura, rottura (Leck) – 27 **sibilare** zischen

«Ha visto?» disse la signora all'ingegnere. «E io credevo che avesse dimenticato... Cose di questo genere gli insegnano».

Naturalmente, sempre secondo la signora, ciò non si sarebbe mai verificato se il padre, invece di giocare al circolo la partita a quaranta, avesse fatto attenzione al bambino: il professor Micciché sul quaranta ci perdeva il senno.

Ma secondo il professore le cose stavano in tutt'altro modo: non al circolo, palestra di elevati sentimenti e di castigato linguaggio, si dovevano le vivaci espressioni di Nené, ma al cortile, abitato da gente zotica, sul quale dava un balcone della loro casa: ed era da ascrivere a colpa della signora se Nené a quel balcone stava per ore affacciato.

Nené si pronunciò a metter fine alla disputa: «Al circolo» lapidariamente. Il professore si afflosciò, ma la signora non abusò del trionfo: cambiò discorso, anzi; lanciandosi a ricordare, poiché il treno ripartiva, il loro viaggio di nozze che a Napoli, dopo Taormina, aveva avuto la seconda tappa.

Era già mezzanotte. 'Qui non si dorme' pensò l'ingegnere: e se non gli conveniva cambiare scompartimento, che ce n'erano quasi vuoti. Ma in verità non aveva sonno: e all'irritazione per esser capitato tra persone di così incontenibile loquacità, e con quei due terribili bambini per giunta, era subentrato il divertimento e ora, sul punto di decidersi a lasciare lo scompartimento, qualcosa di vago e di indefinito che non si poteva dire affezione, ma all'affezione somigliava. Non aveva mai avuto dimestichezza coi bambini e aveva sempre creduto di non poter sopportarne la compagnia, sempre nei viaggi aveva osservato la regola di non prender posto negli scompartimenti in cui c'erano bambini; ma Nené decisamente gli piaceva. E gli piaceva la ragazza: ad

4 **una partita a quaranta** italienisches Kartenspiel – 6 **perdere il senno** *fig loc* den Verstand verlieren – 8 **castigato** *fig* ≠ immorale, impudico, lascivo – 10 **zọtico** ineducato, incivile – 11 **ascrịvere a** *voce dotta* attribuire, imputare (zuschreiben) – 14 **afflosciarsi** *fig* zusammensinken – 22 **per giunta** *fig* überdies, obendrein – 24 **una affezione** *lett* affetto – 25 **aver dimestichezza con qu** sich mit etw auskennen, mit etw vertraut sein

ogni gesto che faceva, ad ogni parola che diceva, si faceva più viva e desiderabile. 'Il fatto è' pensava l'ingegnere 'che un viaggio è come una rappresentazione dell'esistenza, per sintesi, per contrazione di spazio e tempo; un po' come il teatro, insomma: e vi si ricreano intensamente, con un fondo di finzione inavvertito, tutti gli elementi, le ragioni e i rapporti della nostra vita'. Si decise a comunicare al professore il suo proposito di trasferirsi ad altro scompartimento: per lasciarli più liberi, disse, per dare un po' più di spazio ai bambini.

«Nemmeno per sogno» disse il professore «lei non deve scomodarsi: se mai, ce ne andiamo noi».

Si scambiarono complimenti e gentilissime proteste: e infine decisero che dallo scompartimento non si sarebbe mosso nessuno.

Lulù disse che aveva sonno; e voleva spenta la luce.

«Niente scuro: io debbo guardarmi dal maresciallo» disse Nené che non aveva, nei riguardi del maresciallo, tranquilla coscienza.

«Spegnete la luce!» gridò Lulù. «Voglio dormire».

Fulmineo Nené passò, per dirla col linguaggio di un maresciallo, a vie di fatto: scivolò dal suo posto e si abbatté su Lulù con un morso al di sopra del ginocchio. Lulù gridò, furiosamente si afferrò ai capelli del fratello. Li separarono stringendo il naso a Nené, a fargli lasciare la presa del morso, ed aprendo una ad una le dita di Lulù. Nené ebbe dal padre un leggero schiaffo e Lulù una leggera ammonizione.

«Ma chi è questo maresciallo?» sorridendo chiese l'ingegnere a Nené.

«È un figlio di...» nuovo, rapido tamponamento della bocca di Nené, ma senza apprezzabile risultato.

«Gesù Bambino piange: ogni volta che tu dici cose cattive, piange» disse la madre.

4 **una contrazione** Verdichtung – 16 **guardarsi da** *loc* sich hüten vor – 20 **fulmineo** blitzartig – 20 **passare a vie di fatto** *loc* arrivare alle botte, alla rissa – 21 **abbattersi** sich stürzen – 26 **una ammonizione** ≠ lode, elogio

«Dov'è Gesù Bambino?» domandò Nené.

«È in cielo ed è qui: è in ogni luogo».

«Non l'ho mai visto» disse freddamente Nené.

«Non si vede, ma c'è».

«Se non si vede, non c'è».

«Scomunicato!» disse la madre.

«Andrai all'inferno» postillò Lulù.

«All'inferno ci vanno i marescialli» disse Nené.

Risero tutti, anche sua madre.

«Diavolo, diavolo che sei» disse suo padre dolcemente accarezzandolo. E all'ingegnere: «Ma lo sente? Ha mai conosciuto un bambino come questo?» con gli occhi lucenti di orgoglio.

L'ingegnere disse «Mai» ed era vero.

«Non è cattivo» disse la madre «è soltanto nervoso... Se lei vedesse quanto è generoso: non può avere una cosa nuova, un giocattolo, un libro illustrato, che subito la regala; e ai poveri darebbe la casa con tutto quello che c'è dentro; appena viene un povero a chiedere l'elemosina, lui perde la testa: mamma, diamogli un vestito; diamogli un materasso; diamogli dei piatti... È convinto che la povertà sia mancanza di materassi e di piatti, è ossessionato dall'idea che i poveri dormano per terra e mangino la minestra nelle scatole di latta che buttiamo via...».

«Dormono davanti la chiesa» disse Nené «e mangiano nelle buatte del pomodoro: l'ho visto io. E muoiono».

«No che non muoiono» disse il padre.

«Muoiono» disse Nené con un tono che non ammetteva replica. E aggiunse «Ma io mi faccio povero: e i poveri non muoiono più».

«Vuol farsi povero!» irrise Lulù. «Cretino, te l'ho detto mille volte: uno può farsi dottore, può farsi prete; non può farsi povero».

6 **uno scomunicato** gottloser Mensch – 25 **una buatta** *siciliano* → *franc* boîte – 28 **una rẹplica** Widerspruch

«Vero che uno può farsi povero?» domandò Nené al padre.

«Certo, certo: può farsi povero... Come no?» rispose precipitosamente il professor Micciché.

«Lo vedi?» disse Nené a Lulù. «Tu sei un cretino; non sai che uno può anche farsi povero».

«E io mi faccio maresciallo» disse Lulù «e così arresto te e tutti i poveri».

Il colpo era forte. Nené si mosse.

«Mi morde!» gridò Lulù alzando i piedi in posizione da respingerlo.

«Non ti mordo: mi sono alzato perché voglio farmi quattro passi. E che sempre seduto debbo stare?» disse Nené con un tono che trasudava falsità e rivolgendosi a tutti per avere approvazione. Ma un momento dopo era di nuovo seduto, assorto, si vedeva, in malinconici pensieri. E così, lentamente, il sonno lo colse.

Fu spenta la luce, abbassati di qualche centimetro i vetri e chiuse le tendine. «Speriamo di prendere un po' di sonno, ché abbiamo ancora quindici ore di viaggio: buonanotte» disse il professor Micciché. Tutti dissero buonanotte, anche Lulù già impastato di sonno. Erano le due.

L'ingegnere aveva a lato la ragazza e accanto alla ragazza stava dall'altro lato Lulù; i posti di fronte erano occupati dal professore, da Nené e dalla signora. Nené dormiva agitato, forse il maresciallo appariva sulla soglia del suo sonno facendo fischiare il nerbo di bue e tintinnare le manette. Era un bambino non propriamente bello, più bello era indubbiamente Lulù; ma era straordinario, apriva una dimensione di affetti, di pensieri, di rapporti che l'ingegnere Bianchi non aveva mai considerato. Lo guardava con un sentimento quasi struggente: come un significato dell'esistenza che fino a quel momento gli era

2 **precipitoso** velocissimo, fulmineo – 21 **(essere) impastato di sonno** *loc* avere molto sonno – 25 **una soglia** *fig* inizio, principio (Schwelle) – 26 **un nerbo di bue** Peitsche – 26 **tintinnare** suonare, sbattere (klappern) – 26 **le manette** Handschellen – 30 **struggente** *fig* dolorosamente commovente

sfuggito. La vita, anche la sua vita di tecnico, soprattutto la sua vita di tecnico, consisteva in definitiva nel fatto che Nené aveva quattro anni contro i trentotto suoi. 'Non si può aver fede nella tecnica senza aver fede nella vita: non si può andare in orbita intorno alla terra se non per il fatto che ci sono bambini che hanno quattro anni, bambini che nascono, bambini che nasceranno. Ma la nostra società comincia a vedere i bambini come problema, come già negli Stati Uniti, con tutto lo studio di pedagogia e di medicina che si svolge sul problema della loro libertà'. 'Il punto è questo: i bambini non sono un problema. Una società che se li pone come problema li distacca da sé, provoca una soluzione di continuità. Lulù e Nené non sono problemi per il professore Micciché e per la signora: e sì che sono maestri, e ad un concorso saranno andati a ripetere tutte le teorie, di americani e di svizzeri, sull'educazione'. 'A proposito di svizzeri: da una società come quella svizzera, che pare disinfestata dei germi della tragedia e della storia, vien fuori quell'ingegner Faber di Max Frisch. La tragedia greca e il politecnico di Zurigo. La tragedia dell'uomo tecnico. E va a esplodere nell'antica terra di Grecia, dove la fatalità è ancora in agguato'. 'Un momento: stavi pensando ai bambini, l'ingegner Faber non c'entra'. 'C'entra: ma bisogna pensarci su con più chiarezza, ora il sonno ti sta prendendo'. 'Ecco: la Grecia, la Sicilia; forse è questo il punto'. 'Il liceo classico! Ad ogni cosa tiriamo fuori la Grecia'. 'Ma sì, è un fatto: in Svizzera in ogni bambino tu vedi lo svizzero che diventerà; in Grecia l'individuo, l'uomo… Ed anche in Sicilia, immagino: questi due bambini…'. 'Sono luoghi in cui non c'è l'educazione: non ci sono regole, tecniche, abitudini educative; ci sono gli affetti: e credono, i greci, i siciliani, che non ci sia problema nella vita che l'affetto non possa risolvere'. 'Risolvono così anche la morte' pensò mentre lievi ondate di sonno attraversavano la sua mente.

17 **disinfestato** → **disinfestare** liberare un luogo o una persona da insetti, parassiti – 17 **un germe** microorganismo apportatore di malattie

Il caldo lo svegliò. Nel sonno la testa della ragazza era scivolata dalla spalliera sul suo petto: dormiva un sonno duro, senza respiro. L'ingegnere ne ebbe tenerezza, indefinibile gioia: per quei capelli che quasi sfioravano la sua bocca, per il seno che premeva il dorso della sua mano. Il suo corpo, ormai sciolto dal sonno, si fece intento.

Dormivano tutti, il professore addirittura ronfava. Erano già nelle Calabrie; alle fermate, nell'improvviso dilagare del silenzio notturno, si sentivano frasi in dialetto. Ad un momento il treno si fermò in riva al mare, il suono del mare si fece immagine, come nelle illusioni del cinema, una di quelle dissolvenze in cui le figure umane appunto si dissolvono nell'avanzare delle onde; l'ingegnere se ne sentì penetrato, disciolto: ed era, indecifrato, il suo sentimento di accordo col mondo, con la natura, con l'amore.

Quando il treno si mosse, l'ingegnere sentì Lulù agitarsi: qualche momento dopo, improvvisamente, se lo vide di fronte. Il bambino lo guardava di muto stupore e rimprovero: poi prese tra le mani il volto della ragazza e con sforzo lo sollevò, lo raddrizzò verso la spalliera. 'È geloso' pensò l'ingegnere 'è geloso: si è attaccato alla ragazza come un innamorato; perciò se ne è stato quieto, sempre accanto a lei'. La ragazza si svegliò, capì. «Mi scusi» disse all'ingegnere, e a Lulù: «Rimettiti a dormire, gioia, è ancora notte; ora ti do il mio posto, così ti distendi e dormi tranquillamente».

Lo sistemò sui due posti, gli accarezzò i capelli. Lulù non parlò: la guardava con risentimento e insieme con implorazione, forse cuocendosi in una pena senza nome. La ragazza uscì nel corridoio.

A seguirla, l'ingegnere aspettò che Lulù si fosse riaddormentato. Stava in fondo al corridoio, premendo di profilo il volto

2 **una spalliera** Rückenlehne – 6 **intento** che è intensamente concentrato, teso a fare qc – 7 **ronfare** *fam* russare forte – 11 **una dissolvenza** Überblendung – 12 **dissolversi** disciogliersi, dissiparsi (sich auflösen) – 13 **indecifrato** unentziffert – 18 **uno stupore** senso di grande meraviglia che lascia senza parole (→ stupire) – 27 **l'implorazione** *f* Flehen

contro il vetro, ancora come abbandonata allo specchio del sonno. L'ingegnere le si avvicinò dicendo «Si è riaddormentato» e poi, dopo una lunga pausa «È geloso».

«Mi vuol bene» disse la ragazza.

«Non è come Nené: è più chiuso, più malinconico... Nené è straordinario» disse l'ingegnere.

«È terribile, Nené: lei ancora non ha visto tutto quello che è capace di fare... La povera Lucia ci perde la testa».

«La signora si chiama Lucia? Mi pare che il marito la chiami diversamente».

«La chiama Etta, Lucietta... Io mi chiamo Gerlanda, ma mi dicono Dina, Gerlandina... Non c'è uno in Sicilia che sia chiamato col suo nome netto, anche se è un bel nome».

«Gerlanda è un bel nome».

«Non è un bel nome: è pesante, c'è una gerla dentro...».

«Non l'ho mai sentito in altre parti d'Italia».

«Si trova solo in provincia di Agrigento: san Gerlando è il protettore della città, il primo vescovo».

«E san Calogero era vescovo?».

«No, san Calogero era eremita... Erano sette fratelli, dice la leggenda, tutti e sette di nome Calogero: uno è venuto nella campagna di Nisima. Sette bei vecchi: Calogero in greco vuol dire bel vecchio. Ma io non conosco il greco. E lei?».

«L'ho studiato, ma non posso dire di conoscerlo».

«Avrei voluto studiarlo: ma una ragazza che fa il liceo, dicevano i miei, poi deve andare all'università; e come si fa a mandare sola una ragazza, in una città come Palermo?».

«In Sicilia tutte le famiglie pensano così?».

«Oh no, non tutte».

«La sua è una famiglia particolarmente severa?».

«Non particolarmente: in Sicilia ce ne sono ancora tante che vedono la vita in un certo modo, che diffidano...».

«Di che?».

13 **netto** preciso, corretto – 15 **una gerla** Tragkorb – 18 **un vẹscovo** Bischof

«Del mondo, di se stessi… E non è che abbiano del tutto torto… Io prima della malattia ero più insofferente, più impaziente: avrei voluto fare un concorso per il continente, andarmene… Ora vedo le cose un po' diversamente: mi pare che la vita abbia perduto di serietà, che ognuno sia disposto a tradire gli altri, tutti gli altri… Non riesco a spiegarmi, vero?».

«Lei si spiega benissimo».

«A Roma, ad Ostia, seduta ad un caffè, vedendo scorrere una fiumana di persone, ho pensato che nessuno stesse con gli altri, anche se parlavano, scherzavano, andavano a braccetto: dietro alla vita come dietro un carro funebre, quando ognuno pensa 'sono vivo, è toccata a quell'altro, io non muoio' e che tutti gli altri, e il mondo stesso, sarebbero morti prima… È mai stato ad un accompagnamento funebre?».

«Qualche volta».

«Io un paio di volte… E dunque capisce quel che voglio dire, anche se lo dico con confusione: si va appresso alla gioia così…».

«Lei sta dicendo cose profondamente vere».

«Forse sono pensieri così, di una che esce da una malattia. Ma a lei non pare che la vita abbia perduto di serietà?».

«Non in tutto il mondo» disse l'ingegnere.

«Oh no, non in tutto il mondo: io credo che al mio paese la vita sia ancora seria… Ma le apparenze sono grette, intollerabili… Lei sta pensando che sono gretta anch'io, all'antica: e poi vestita così…».

«No no» protestò l'ingegnere «sto pensando tutt'altro».

«A me la vita piace: mi piacciono le belle cose, i bei vestiti… E mi piacerebbe darmi il rosso alle labbra, e provare a fumare».

«Lei è la ragazza più incantevole che io abbia conosciuto: anche vestita del voto a san Calogero, e senza il rosso alle labbra».

3 **il continente** *per i siciliani l'Italia peninsulare è il «continente» e «continentali» sono gli abitanti delle altre regioni italiane, eccezione fatta per i sardi* – 9 **una fiumana** *fig* grande numero di persone o cose – 11 **un carro fuṇebre** Leichenwagen – 24 **gretto** meschino, limitato ≠ liberale, tollerante – 29 **incantẹvole** bezaubernd

Lei abbassò gli occhi, cominciò a muovere l'indice sul vetro come scrivendo. «Sta scrivendo qualcosa?» domandò l'ingegnere.

«Come?».

«Voglio dire sul vetro: mi pareva lei scrivesse qualcosa».

«Oh sì, il mio nome: quando sono in confusione mi trovo a scrivere il mio nome».

«Lei non deve sentirsi confusa se le dico che è una bella ragazza, e che mi piace parlare con lei: perché è la verità».

«Oh» disse la ragazza: e congiunse le mani, come per impedirsi di scrivere ancora il suo nome sul vetro.

«Forse non è saggio tentare di portare un incontro come il nostro oltre la destinazione del viaggio, ma voglio dirle che mi piacerebbe rivederla».

La testa del professor Micciché si affacciò nel corridoio: pareva decollata tra le tendine incrociate, grondava, come di sangue quella del Battista, di sonno e di diffidenza. «E perché ve ne siete andati?» disse, con una certa irritazione.

La ragazza disse all'ingegnere «Anche a me» con semplicità; e si avviò a placare la diffidenza del professore.

Il treno entrava nella stazione di Paola: e appena spento lo stridio dei freni si accesero le grida «fragole, fragole» che il professor Micciché aspettava con seicento lire in mano: un bicchiere di fragole per ciascuno, compreso l'ingegnere.

I bambini si svegliarono: ancora con gli occhi chiusi tesero le mani verso le fragole.

«Tu e le tue fragole!» disse la signora. «Li hai svegliati».

«Non sono stato io: si sono svegliati per le grida dei venditori» si scusò il professore.

«Tu ti sei mosso prima delle grida» disse la signora.

«Mi sono mosso» spiegò il professore «perché...» s'interruppe, confuso: e con gli occhi, impercettibilmente, ammiccò verso la

16 **decollato** enthauptet – 16 **grondare** gocciare, gocciolare – 17 **Battista** Johannes der Täufer – 32 **ammiccare** fare cenni d'intesa specialmente con gli occhi e di nascosto

ragazza e l'ingegnere. Ma in lei affiorò, invece che la tutoria preoccupazione del marito, la vocazione di ogni donna sposata ad avviare altre donne verso il matrimonio: nel caso particolare alimentata dal romanzesco di un viaggio in treno, di un ingegnere continentale, di una buona ragazza di paese.

Nené, che aveva appena cominciato le sue, disse «Voglio ancora fragole».

«Ci sono le mie: io non le mangio» disse la signora.

«È o non è maleducato?» disse il professore chiedendo a tutti approvazione.

«Non finirà nemmeno il suo bicchiere: parla perché ha la bocca, come te» disse la signora: e intendeva rimproverare al marito la piccola gaffe di un momento prima, quando si era interrotto.

«Mangerò il mio e il tuo: e altri dieci, altri cento bicchieri di fragole» disse Nené.

«Mangerò cento bicchieri di fragole!» caricaturò Lulù.

«Duecento, mille» si intestardì Nené: ma già straccamente dava fondo al suo bicchiere. Un momento dopo lo porse alla madre dicendo «Le mangerò più tardi».

«Uh uh uh» burlò Lulù.

«Non mi rompere le scatole» ammonì Nené.

«Non parla perché ha la bocca» si rivalse il professore «parla perché è un facchino… Ma ti metto a sesto io: ti chiudo in un collegio ti chiudo».

«In mezzo agli orfanelli?» si informò accademicamente Nené.

«Proprio: in mezzo agli orfanelli».

«Se tu non muori non mi prendono: tu muori e io me ne vado con gli orfanelli».

Il professore brancicò sulla parete in cerca di ferro, si attaccò al portacenere. Così immunizzato dalla morte, col solito orgoglio

1 **affiorare** auftauchen – 13 **una gaffe** Schnitzer, Fauxpas – 18 **stracco** *region fam* stanco, affaticato – 21 **burlare** prendere in giro (spotten) – 24 **mettere a sesto** *(raro)* → **essere, mettere in sesto** a posto, in ordine – 26 **un orfanello** → un orfano Weisenkind – 30 **brancicare** *region* tasten

disse all'ingegnere «Sente che logica?». E a Nené «Non ti illudere: ti prendono anche con me vivo, basta che io dica una parolina a padre Ferraro».

Ma giustamente prevedendo la reazione di Nené scattò in piedi e chinandosi minaccioso disse «Non ti azzardare a dire quello che stavi per dire su padre Ferraro: che ti do una pestata da fartene ricordare per cent'anni».

«Non lo dico: lo penso» disse Nené per niente sconvolto.

Nervosamente il professore si passò più volte la mano sulla faccia, poi rise. Risero tutti. E mentre ridevano il controllore apparve a chiedere i biglietti: glieli diedero, il professore si informò sugli orari. E appena se ne fu andato, Nené comunicò «Sto pensando ancora a padre Ferraro».

«Gesù!» si accorò la signora. Ma il professore, l'ingegnere e la ragazza stavano ridendo fino alle lacrime.

Giunsero a Villa San Giovanni dopo aver variamente commentato la vivacità di Nené e dopo aver sedato un paio di zuffe repentinamente esplose tra Nené e Lulù: e a ricordo degli interventi pacificatori, le camicie del professore e dell'ingegnere erano punteggiate del colore delle fragole.

Il professore, euforico, propose che si andasse tutti in coperta, sul traghetto, a prendere il caffè.

«E le valige?» disse la signora.

«Già, le valige...» si costernò il professore. E con la voluttà autodenigratoria del siciliano spiegò all'ingegnere che, avvicinandosi alla Sicilia, era buona regola non lasciare mai incustodite le valige: che era tutt'altra cosa che al nord, dove, a immaginazione del professore, le valige si muovono soltanto, come cani, coi loro legittimi proprietari.

6 **dare una pestata** jdn zusammenschlagen – 8 **sconvolto** → **sconvolgere** erschüttern, durcheinander bringen – 14 **accorarsi** *lett* affliggersi profondamente (sich grämen) – 18 **una zuffa** Rauferei – 24 **costernarsi** *lett* abbattersi, avvilirsi – 24 **una voluttà** piacere, passione – 25 **autodenigratorio** → **denigrare** screditare intenzionalmente una persona, parlandone in modo da ridurne il prestigio, l'onore o il valore

La signora, che aveva in mente un suo disegno, propose una soluzione: che andassero su prima Dina e l'ingegnere e poi, al loro ritorno, ma che facessero con comodo, sarebbero andati lei e il marito, coi bambini, a prendere il caffè.

Le proteste dei bambini, che erano impazienti di salire in coperta, furono autorevolmente represse. Il professore, per la verità, non sembrava persuaso: era dilacerato tra la responsabilità assunta col fratello della ragazza e il piacere di agevolare un idillio. Ma la decisione della signora lo travolse.

Così si ritrovarono soli, la ragazza e l'ingegnere, sullo stretto di Messina sfolgorante del primo sole. Presero di fretta un caffè e poi sedettero, in silenzio, di fronte a Messina: candida, nitida.

Dalla notte insonne alla luce del mattino sul mare, i loro pensieri erano come abbagliati. Quando il traghetto cominciò a muoversi la ragazza disse «Scendiamo: i bambini saranno impazienti di venir su».

Erano più che impazienti: Lulù frignava e Nené era disteso, in silenziosa protesta, sul pavimento della vettura.

Il professore lo additò al ludibrio della ragazza e dell'ingegnere: «Guardatelo: c'è differenza tra lui e un cane?» ma Nené era già balzato fuori, seguito da Lulù e dalla signora.

Il professore era già nel corridoio quando il pensiero che stava per lasciare la ragazza con un uomo, in una vettura quasi deserta, lo trafisse: tornò indietro e, a togliersi scrupolo se non preoccupazione, chiese alla ragazza se voleva tornar su, in loro compagnia. La ragazza disse di no, che era stanca.

«Il professore diffida» disse l'ingegnere.

«Vuole riportarmi a casa sana e salva» sorrise la ragazza.

7 **persuaso** → persuadere überzeugen – 7 **dilacerato** *lett fig* hin- und hergerissen – 8 **agevolare** unterstützen – 9 **un idillio** *fig* amore delicato – 11 **sfolgorare** brillare, risplendere – 12 **nitido** ben delineato nei contorni, chiaro – 14 **abbagliato** geblendet – 17 **frignare** wimmern – 19 **additare** indicare, mostrare (→ dito) – 19 **un ludịbrio** Gespött, Höhn – 24 **trafiggere** durchbohren – 28 **sano e salvo** wohlbehalten

«Spero che non ci riesca» disse l'ingegnere «spero che lei...» non trovava più le parole.

«Sì» disse la ragazza arrossendo.

Non dissero più niente. Trovandoli così silenziosi il professore precipitò in un dubbio: o che l'ingegnere era stato tanto gentiluomo da non aver nemmeno osato di parlare, in sua assenza; o che, al contrario, lo fosse stato tanto poco da tentar qualcosa ed essere respinto. Col muto linguaggio degli occhi, delle palpebre, la signora glielo risolse: l'idillio continuava, ma niente di men che corretto; bastava guardarli in faccia.

Il professore si rasserenò: ma gli pareva fosse venuto il momento di sapere, poiché la signora gli assicurava che l'idillio c'era, con chi aveva a che fare: ingegnere, va bene; scapolo, almeno così si dichiarava; età, ad occhio e croce, trentacinque; simpatico; apparentemente di buon carattere... Ma bisognava andare un po' più a fondo. Domandò «Lei è veneto, vero?» ché a Marostica il professore aveva fatto il corso ufficiali.

«Vicenza» rispose l'ingegnere.

«Città bella, città civile» disse il professore.

«Vicenza, Vincenza, Vincenzina: zia Vincenzina» giocò Lulù.

«Il panedispagna di zia Vincenzina» disse Nené succhiando dalle dita i resti di una tavoletta di cioccolato.

«E lei risiede a Vicenza» continuò ad inquisire il professore.

«Così, anagraficamente, diciamo; ma raramente mi capita di fare una scappata: c'è mia madre, ci sono i miei fratelli... Sono stato per molto tempo fuori d'Italia: in America, in Persia... Ora in Sicilia, a Gela».

«Petrolio?».

«Petrolio».

«Anic?».

«Anic».

5 **precipitare** *fig* cadere (versinken) – 13 **uno scạpolo** Junggeselle – 14 **ad occhio e croce** über den Daumen gepeilt – 17 **il corso ufficiali** Offiziersausbildung – 21 **un panedispagna** → **pandispagna** *dolce a base di farina, fecola di patate, uova e zucchero (Kuchen aus Sandteig)* – 30 **Anic** Azienda Nazionale Idrogenazione Carburanti

«E allora mi dica, in confidenza: c'è o non c'è a Gela il petrolio?» domandò il professore abbassando la voce ad un sussurro.

«Ma certo che c'è».

«Perché, vede, corre voce che sia, come dire?, tutta una montatura: che petrolio ce n'è tanto poco che il gioco non vale la candela».

«Ma è pazzesco!» disse l'ingegnere.

«È quello che dico anch'io. Ma a volte, sa com'è?, mi viene il dubbio che questo Mattei faccia le cose per gettare polvere negli occhi... Ma intendiamoci: per essere un genio è un genio, non si discute... Anche se Gela è tutto un imbroglio, ad armare un imbroglio simile ci vuole un genio».

«Non è un imbroglio» assicurò l'ingegnere.

«Se lo dice lei...» disse il professore, alzando le mani come ad arrendersi. E lasciando la pista dell'Anic tornò a quella, di più immediato interesse, dell'ingegnere Bianchi. «E a Gela ci resterà per molto?».

«Credo di sì: se non propriamente a Gela, in Sicilia... A Troina, a Gagliano...».

«La Sicilia le piace?».

«Credo che mi piacerà molto: non ci sono mai stato» disse l'ingegnere guardando la ragazza.

«Lo sentite?» disse il professore rivolto alla moglie e alla ragazza. «Ha girato mezzo mondo e non conosce la Sicilia! Cristo di Dio, tutti così questi continentali!».

«Ma ho sempre desiderato fare un viaggio in Sicilia» si scusò l'ingegnere.

3 **un sussurro** → **sussurrare** dire a bassa voce, bisbigliare – 6 **una montatura** Übertreibung – 6 **il gioco non vale la candela** *loc* die Sache ist nicht der Mühe wert – 10 **Enrico Mattei** (1906–1962) *imprenditore. Presidente dell'ENI (Ente Nazionale Idrocarburi) avviò le ricerche petrolifere in Italia.* – 10 **gettare pọlvere negli occhi (a qu)** *loc* jdm Sand in die Augen streuen – 12 **un imbroglio** Betrug

«Certo certo: la terra dove splendono sovra cupo fogliame arance d'oro» citò il professore con ironia, con amarezza.

«Succede sempre così» disse la signora, in soccorso all'ingegnere e a smorzare il risentimento del marito «che si rimanda da un anno all'altro: e le cose che più desideriamo vedere finisce che non le vediamo mai, o soltanto per un caso... Noi, per esempio, non siamo ancora stati a Piazza Armerina: ed è da quando siamo sposati che mio marito va dicendo che dobbiamo andarci».

«È vero» approvò il marito «succede sempre così. Ma io, quando sento che uno, all'età dell'ingegnere... Mi scusi, quanti anni ha lei?...» che non perdeva di vista lo scopo di apprendere tutte le possibili notizie sul compagno di viaggio.

«Trentotto».

«... Che uno, a trentotto anni, non conosce la Sicilia: ebbene, non lo faccio apposta, ma mi viene una certa rabbia... Perché poi (si capisce che parlo in generale), senza conoscere, senza sapere, dall'alto del loro bum o come si chiama, del loro miracolo economico, insomma, tagliano e arrostono questa povera Sicilia come pare e piace a loro... E io allora dico: bum un corno, questo bum voi lo fate sulla nostra pelle, voi ci state friggendo con lo stesso olio nostro... Per carità, cambiamo discorso».

Lulù e Nené, fingendo di impugnare un'arma, a vicenda si mitragliarono di bum bum bum. «È stato separatista» disse la signora, a spiegare la passione del marito.

«Indipendentista» corresse il professore «e lo sono ancora».

«Ora avete il petrolio» disse l'ingegnere, a consolarlo.

«Il petrolio?... Mi creda: se lo succhiano» disse il professore «se lo succhiano... Si ricorda di Musco nel San Giovanni di Martoglio? Teneva una lampada ad olio davanti all'immagine

1 **la terra dove splendono** ... da «Wilhelm Meister» di J.W.Goethe – 4 **smorzare** dämpfen, abschwächen – 18 **bum** *approssimativo per* boom (economico) – 21 **friggere** braten, brutzeln – 23 **impugnare** afferrare, stringere (→ il pugno) – 24 **mitragliarsi** sich mit Maschinengewehren beschießen – 29 **succhiarsi** wegsaugen, aussaugen

del Santo: veniva un vicino e si asciugava l'olio: "veni qualche divotu, o qualche divota, con farso inganno, e s'asciuca l'ogghiu d' 'a lampa...". E così finisce col petrolio: una canna lunga da Milano a Gela, e se lo succhiano... I devoti, si capisce, quelli che per la Sicilia si preoccupano, si accorano... Meglio non parlarne».

«Ma se questo accade, o accadrà, non crede che la colpa sia anche dei siciliani?».

«Certamente: siamo fatti così, aspettiamo che il frutto ci cada in bocca, dall'albero, quand'è maturo».

«Ma, mi scusi, se siete fatti così, io non vedo cosa abbiate da guadagnare a far da soli».

«Non siamo fatti così» disse la ragazza. «È che ci piace far credere di noi le cose peggiori: come quelli che immaginano di avere tutte le malattie, e provano sollievo a parlarne».

«E vero» disse il professore, un po' abbattuto. Ma subito trovò da esaltarsi di fronte al mare di Taormina. «Che mare! E dove c'è un mare così?».

«Sembra vino» disse Nené.

«Vino?» fece il professore perplesso. «Io non so questo bambino come veda i colori: come se ancora non li conoscesse. A voi sembra colore di vino, questo mare?».

«Non so: ma mi pare ci sia qualche vena rossastra» disse la ragazza.

«L'ho sentito dire, o l'ho letto da qualche parte: il mare colore del vino» disse l'ingegnere.

«Qualche poeta l'avrà magari scritto, ma io un mare colore del vino non l'ho mai visto» disse il professore; e a Nené spiegò «Vedi: qui sotto, vicino agli scogli, il mare è verde; più lontano è azzurro, azzurro cupo».

«A me sembra vino» disse il bambino, con sicurezza.

«È daltonico» sentenziò il professore.

«Ma che daltonico?» si rivoltò la signora. «È testardo».

Si provò anche lei a convincerlo del verde e dell'azzurro del mare.

22 **una vena** *fig* traccia – 31 **daltọnico** farbenblind – 32 **testardo** dickköpfig

«È vino» disse Nené.

«Vedi che è testardo?» disse la madre. «Ora addirittura afferma che è vino».

«Un momento» disse il professore. Tirò giù dalla reticella la sua cravatta, verde a strisce nere, e mostrandola domandò al bambino «Che colori ha questa cravatta?».

«Di vino» rispose implacabile Nené: e sorrideva di malizia.

Il professore buttò la cravatta per aria.

«È meglio lasciar perdere: è testardo» disse la signora.

«Forse è anche daltonico» insistette, ma ormai senza convinzione, il marito.

'Il mare colore del vino: ma dove l'ho sentito?' si chiedeva l'ingegnere. 'Il mare non è colore del vino, ha ragione il professore. Forse nella prima aurora, o nel tramonto: ma non in quest'ora. Eppure, il bambino ha colto qualcosa di vero: forse l'effetto, come di vino, che un mare come questo produce. Non ubriaca: si impadronisce dei pensieri, suscita antica saggezza'. 'I dialoghi di Platone dovrebbe recitarli Eduardo De Filippo: in napoletano'. 'Ma qui siamo in Sicilia, forse non è la stessa cosa'.

Il treno correva lungo il più splendido mare che avesse mai visto: a momenti pareva assumere l'inclinazione dell'aereo quando decolla, il paesaggio rovesciato da un lato, a filo del volo.

«È o non è bello?» domandò il professore, che usava sempre porre alternative estreme: e indicava la costa e il mare di Aci come un quadro che avesse appena finito.

«Bellissimo» assentirono tutti: tranne Nené, intento com'era a cavare dai sedili gli spilloni che assicurano le strisce bianche che fanno da testiera.

«Nisima è sul mare?» domandò l'ingegnere.

«Eh no!» disse con malinconia il professore. «Sicilia interna, Sicilia arida... Ma, intendiamoci, ha una sua bellezza: non come questa, che toglie il respiro; una bellezza che ti prende lentamente, o più quando se ne è lontani, nel ricordo... Qui ci

7 **implacạbile** unerbittlich – 27 **cavare** togliere, estrarre – 31 **ạrido** secco

vuol poco a dire che è bello, anche un cretino se ne abbaglia subito; ma a Nisima ci vuole tempo, ci vuole intelligenza… È un'altra cosa, insomma».

«C'è mafia?» domandò l'ingegnere.

«Mafia?» fece il professore, stupito come se gli avessero chiesto se al suo paese si mangiasse polenta e si bevesse grappa. «Che mafia? Fesserie!».

«E queste cose?» domandò l'ingegnere mostrando sul giornale del giorno avanti un titolo a quattro colonne che diceva La mafia non vuole le dighe.

«Fesserie» di nuovo tagliò il professore.

L'ingegnere pensò 'Un uomo istruito, gentile, buon padre di famiglia; e non vuol parlare della mafia, si meraviglia anzi che se ne parli, come se parlandone si desse importanza a cosa di piccolo conto; ragazzate, fesserie. Comincio a capire la mafia, è davvero un dramma'.

Erano alla stazione di Catania. «Catania» annunciò il professore. «Per questo treno, una tomba: non si muove più».

«Scendo: ho bisogno di fare quattro passi» disse Nené.

«Ora spostano la vettura ad altro binario, scendere non conviene» disse il padre.

«Voglio una granita: granita e biscotti» disse Nené.

«Anch'io: granita e briosce» disse Lulù.

Ebbero granita, biscotti e briosce.

«E che granita è?» fece Nené, disgustato: ma dopo aver scolato, in parte sul vestito, l'ultimo sorso squagliato. «La granita è quella di don Pasqualino: appena arrivo a Nisima ne prenderò un pozzetto pieno».

«È meglio di quella di don Pasqualino» disse Lulù: per contraddirlo, senza convinzione.

1 **abbagliarsi** confondere la vista per luce troppo intensa – 7 **una fesseria** stupidaggine, sciocchezza – 23 **una brioscia** *adattamento di* brioche – 26 **squagliato** → **squagliare**, liquefare, sciogliere – 28 **un pozzetto** Eisbehälter

«Non capisci niente: questa è fatta di acqua, limonina e zucchero; don Pasqualino la fa invece col limone, e ci mette anche il bianco d'uovo» spiegò Nené con competenza.

«Sa tutto» disse la madre. «È curioso di ogni cosa: sempre a domandare...».

«Non sono curioso: curiosa è zia Teresina».

«Ecco che la stai sparlando» trionfò il padre.

«Lo dici sempre tu: "è curiosa, la vecchia strega"».

Il professore, battuto, minacciò un formidabile manrovescio. Per niente impressionato Nené spiegò ai due estranei «Zia Teresina è ricca, ci lascerà le sue terre: ma io delle sue terre me ne...».

Gli arrivò, dalla madre, uno schiaffo.

«Le terre zia Teresina le lascerà a me» disse Lulù.

«Finiamola» gridò il professore.

«Zia Teresina con la parrucca, zia Teresina con l'occhio storto...» cantilenò Nené.

«Svergognato» disse la madre.

«Zia Teresina non ti darà più le ciambelle» disse Lulù.

«Le ciambelle con la muffa: mi viene il vomito a pensarci» e così perfettamente simulò il vomito da buscarsi un altro schiaffo.

Per consolarlo, la ragazza lo invitò a fare una passeggiata nel corridoio. Nené accettò dicendo «È meglio che me ne vada: qui non si ragiona».

Ma un momento dopo rientrò solo, di corsa, come se inseguito voltandosi indietro: sedette al suo posto e si mise un giornale davanti, spiegato; pareva leggesse, solo che il giornale era a rovescio. Un maresciallo dei carabinieri corpulento, enorme, di una grinta resa più feroce dal caldo, dal sudore che gli colava, si stagliò alla porta dello scompartimento. Nené, al disopra del

9 **un manrovescio** Ohrfeige – 17 **storto** schräg, schief *qui:* schielend – 19 **una ciambella** Gebäck/Kringel – 20 **una muffa** Schimmel – 21 **buscarsi** sich einhandeln – 27 **spiegato** → **spiegare** distendere, allargare ciò che è piegato – 29 **una grinta** *lett* faccia minacciosa che spaventa – 30 **stagliarsi** delinearsi, disegnarsi

giornale, guatava. Il maresciallo domandò se era la vettura giusta per Agrigento, ringraziò, passò oltre. Nené abbassò il giornale, venne fuori come da un sipario al dileggio di Lulù, alle risate di tutti. Pianse di mortificazione, di rabbia; morse Lulù, si morse le mani, scalciò; poi lentamente, singultando, cadde nel sonno.

La conversazione si accese sull'educazione dei bambini, e di un bambino come Nené in particolare. Padre e madre sostenevano che Nené era un maleducato, e se ne facevano colpa, e ne facevano colpa alla società meridionale: che nel continente i bambini crescevano più a modo, più educati. La ragazza e l'ingegnere sostenevano invece che Nené aveva sì un linguaggio non edificante e delle reazioni violente: ma la sua intelligenza era indubbiamente pronta e vivace, i suoi sentimenti generosi. La signora e il professore resistettero nel loro punto di vista, ma come per civetteria: e infine la piena del loro affetto dilagò sul sonno di Nené.

Mentre il treno attraversava un paesaggio fulminato di sole, deserto, intorno al sonno del bambino erano come personaggi da presepe: coi loro buoni sentimenti, con la loro fede nella vita; e che tutto dovesse durare, amicizia ed amore, al di là dell'incontro fortuito, del viaggio. L'ingegnere pensava di aver finalmente toccato il giusto della vita e di dovere, con tutte le buone regole della famiglia meridionale, prolungare per la vita l'incontro con quella ragazza serena ed attenta, di poche parole, di intensi sentimenti; e che bisognava dire qualcosa di definitivo prima di separarsi, magari accompagnarla al paese, parlare coi genitori. Ma quando il professore cominciò a tirar giù i bagagli, che stavano per arrivare a Canicattì, si disse 'Non sei più un ragazzo' e che c'è un tempo per ogni cosa e che la sua prima giornata di libertà l'avrebbe dedicata ad un breve viaggio a Nisima.

1 **guatare** *lett* unverwandt ansehen – 3 **un dileggio** → **dileggiare** deridere qu con atti o parole beffarde, sprezzanti – 5 **singultare** → **singultire** *lett* singhiozzare, piangere con singulti sommessi – 12 **edificante** esemplare (erhebend) – 15 **la civetteria** Kokettieren – 15 **dilagare** *fig* diffondersi, estendersi – 21 **fortuito** accidentale, casuale

A lungo si salutarono, ancora prima di scendere dal treno; e poi di nuovo sul marciapiedi della stazione dove l'automotrice per Campobello-Licata-Gela era in attesa. Erano tutti commossi; tranne Lulù, che faceva di tutto per distrarre la ragazza dai saluti. Nené invitò l'ingegnere ad andare con loro, a Nisima; gli promise la granita di don Pasqualino e una serata al circolo. L'ingegnere, guardando la ragazza, promise a Nené che presto sarebbe venuto a fargli visita. Il bambino volle abbracciarlo. Il professore gli diede il biglietto da visita.

Dall'automotrice, dove prese posto accanto al finestrino, l'ingegnere li guardò: un grappolo di valige e di borse che si muoveva verso l'uscita. Prima di sparire la ragazza si voltò a guardarlo.

'Andrò a Nisima domenica' decise l'ingegnere.

Ma mentre l'automotrice partiva i suoi sentimenti, la sua malinconia e il suo amore, di colpo si rappresero nel sonno. Sulla visione baluginante di colui che gli aveva consigliato quel treno, quella vettura, una faccia soddisfatta, sadica, il suo ultimo pensiero si spense. 'Accidenti che viaggio'.

2 **una automotrice** Triebwagen – 11 **un grạppolo** *fig* Traube – 16 **rapprendersi** coaugularsi, cagliarsi *qui* erstarren – 17 **baluginante** → **baluginare** brillare, luccicare

L'ESAME

Un mucchietto di gettoni, grandi quanto monete da cento lire, da dividere in tre colonnine: più ruvidi, meno ruvidi, lisci.

Un pezzo di fil di ferro e una pinza: per fare, del fil di ferro, un triangolo.

Un cartello su cui erano disegnati tanti cerchietti, formavano come un grappolo d'uva: e dentro ogni acino, un numero. E bisognava, da una certa distanza, leggere quanti più numeri si poteva, nel tempo in cui l'uomo, con l'orologio in mano, diceva «via» e poi «basta».

«Via» e «basta» erano le parole italiane che l'uomo pronunciava meglio. Un uomo alto, roseo, gli occhi chiari, i capelli biondi che gli si aprivano a crisantemo al centro della testa. Svizzero di Zurigo. Blaser di nome. In Sicilia per reclutare mano d'opera femminile: ragazze che avessero più di diciotto e meno di trent'anni. Per una fabbrica di cose elettriche: contatori, pareva; ché non si capiva molto dalle poche parole che diceva.

Forse era cattolico, forse luterano o calvinista. I parroci non riuscivano a capirlo. Se ne stava quieto, senza curiosità, ad esaminare le ragazze: in canonica o addirittura in sacrestia, come se quegli ambienti li avesse conosciuti da sempre, facendo il chierichetto o frequentando le lezioni di catechismo.

Girava per i paesi della provincia con automobile e autista presi a nolo, dopo una meticolosa contrattazione, dopo un diffidente tirare sul prezzo, nel capoluogo: che era una città, nel cuore della Sicilia, chiusa, arroccata, vibrante di metalliche corde di vento.

L'autista si era in un certo modo appassionato a quel giuoco, a quegli esami: lo seguiva nelle sacrestie, nelle canoniche; e a

1 **un gettone** Blechmarke – 2 **rụvido** rau – 6 **un ạcino** Weinbeere – 13 **reclutare** rekrutieren – 18 **quieto** calmo, tranquillo – 21 **un chierichetto** Meßdiener – 23 **prẹndere a nolo** mieten – 23 **meticoloso** minuzioso, pedante – 23 **una contrattazione** negoziato, trattativa – 24 **tirare sul prezzo** *loc* feilschen, herunterhandeln – 25 **arroccato** → **arroccare** *qui* am Berg/Felsen gelegene Stadt

volte non resisteva a mettere la sua buona parola, quando una ragazza non riusciva a passare l'esame o non aveva l'età giusta: anche se lo svizzero non ne teneva alcun conto, di quella buona parola.

Si ripeteva la stessa scena ad ogni paese; e persino le ragazze, da un paese all'altro, parevano le stesse. E anche i parroci. Per l'ora già precedentemente concordata, i parroci aspettavano l'arrivo del signor Blaser; una ventina di ragazze, di solito accompagnate dalle madri, stavano in sacrestia o nella sala a terreno della canonica; bisbigliavano emozionate e nervosamente ridevano. Il parroco le presentava con garanzia della loro buona osservanza delle leggi cristiane e delle domestiche virtù che in Svizzera sarebbero diventate virtù operaie. Il signor Blaser tirava fuori gettoni, fil di ferro, pinza e cartello: e cominciava l'esame.

L'autista sentiva una vena di rimorso incrinare la soddisfazione del guadagno che stava facendo, del passatempo in cui si risolveva la sua giornata di lavoro: come se si fosse fatto complice di una specie di ratto delle sabine, misteriosamente tramato tra un uomo del nord, un tedesco oltretutto, e i parroci siciliani. Non amava i tedeschi, per la lunga fame sofferta in un campo di prigionia. E non amava i parroci, per tante altre ragioni. E quel po' di tedesco che, dolorante di fame, aveva appreso, gli serviva a tradurre il nome del suo cliente in soffiatore: e per segreta vendetta lo vedeva nudo e sospeso, le gote enfiate, il vento che gli usciva di bocca come un fascio di raggi; così come certi angeli di stucco nei cori delle chiese. Perché il signor Blaser considerava l'autista come un pezzo dell'automobile, e i tentativi di attaccar discorso durante il viaggio o gli interventi durante l'esame a favore di qualche ragazza, teneva nello stesso conto di una piccola panne: un incidente, un fastidio. E di ciò l'autista

3 **tenere qu/qc in poco conto** jdn/etw gering achten – 10 **bisbigliare** dire qc sottovoce, sussurrare – 16 **un rimorso** senso di colpa – 16 **incrinare** *fig* compromettere, danneggiare – 19 **tramato** → **tramare** aushecken, anzetteln – 25 **sospeso** penzolante, appeso – 25 **una gota** guancia – 26 **un fascio** Bündel

si rodeva: sentiva una mortificazione che sconfinava nell'odio quando lo sguardo del soffiatore si posava su di lui, al più piccolo tentativo di confidenza, come su un oggetto; un oggetto che aveva la sorprendente e fastidiosa proprietà di parlare. E mortificato si sentiva per la contraddizione dei sentimenti in cui veniva a cadere: non gli piaceva che lo svizzero portasse via le ragazze, ma interveniva a raccomandarne qualcuna se stava per essere scartata. Sentimenti così complessi, in un uomo cui dava giusta retribuzione per un lavoro, e scaturiti da quel lavoro, il signor Blaser non sarebbe mai riuscito a immaginarli; e se li avesse immaginati, ne avrebbe avuto disgusto.

Passò così una settimana; una diecina di paesi, un centinaio di ragazze reclutate; tutto tranquillo, tutto liscio. E venne il giorno che il signor Blaser aveva destinato a V., paese isolato dentro un vasto territorio arido, paese di feudi ormai tarlati dagli scorpori e di mafia tuttora rigogliosa.

Durante il viaggio, l'autista raccontò al signor Blaser, caricandole dei più raccapriccianti dettagli, le cronache del paese: ma lo svizzero non diede il più piccolo segno di curiosità o di meraviglia.

Quando giunsero al centro del paese, dove sulla gradinata della matrice già l'arciprete li stava aspettando, mentre lo svizzero e l'arciprete si salutavano, all'autista che stava chiudendo la macchina si avvicinò un giovane. Salutò, l'autista rispose al saluto: e restarono per un momento a guardarsi, il giovane evidentemente intimidito, impacciato; l'autista improvvisamente assalito da una oscura preoccupazione, ché le cronache evocate ad uso del signor Blaser avevano invece fatto

1 **rọdersi** *fig* soffrire, tormentarsi – 1 **una mortificazione** → mortificare *fig* umiliare, offendere, ferire – 8 **scartato** → scartare *fig* escludere, rifiutare – 9 **scaturito** → scaturire *fig* derivare, avere origine (hervorgehen) – 15 **ạrido** secco – 15 **un feudo** Lehnsgut – 15 **tarlato** → tarlare wurmstichig machen *qui* zerstückeln – 15 **uno scọrporo** → **scorporare** aufteilen *qui* enteignen – 16 **rigoglioso** prospero, fiorente *qui* (*accezione arcaica*) orgoglioso – 18 **raccapricciante** ≠ rasserenante, piacevole, allietante – 22 **una matrice** *qui* Hauptkirche – 26 **impacciato** ≠ disinvolto, sicuro, spigliato – 27 **assalito** → **assalire** *fig* überkommen, aufsteigen

da lievito ad una sua apprensione. E perciò bruscamente domandò «che c'è?» a velare, con l'arroganza del tono, la preoccupazione.

«C'è» disse il giovane «che lei deve farmi un favore».

'Ci siamo' pensò l'autista; ma in verità non sapeva a che.

«Se posso» disse; con durezza, a mostrare la sua decisione a non farlo, quel favore; o almeno a non farlo se non per gentilezza, mai per paura.

«Ecco» disse il giovane «si tratta di una ragazza: una ragazza che vuole andare a lavorare in Svizzera… Non voglio che ci vada, ecco… È lì, dall'arciprete… Non devono prenderla, ecco… Io non voglio… Ci dobbiamo sposare, lei mi capisce…».

«Io non capisco niente, amico mio: e non c'entro per niente. Io non faccio che portare in giro quel tizio. Sono un autista io: mi paga e lo porto in giro per i paesi. Non so niente e niente voglio sapere di quello che fa. Ognuno fa il suo mestiere: io il mio e lui il suo. Capisci?» ed era passato a dargli del tu, tanto gli faceva ora pena il giovane: un bambino in punto di scoppiare a piangere.

«Lei deve aiutarmi» disse il giovane.

'Fa pena,' pensò l'autista 'e poi in un paese come questo sono capaci di tutto'. Sospirò di fastidio, di angustia.

«E va bene: mi ci provo. Ma tu non contare che la mia parola valga qualche cosa: quello è uno svizzero, uno svizzero tedesco. Lo sai come sono precisi gli svizzeri? Fanno gli orologi e come gli orologi camminano… E i tedeschi, poi, meglio non parlarne, hanno teste dure come coti. E si può cavare sugo da una cote?» e si avviò verso la chiesa. Ma dalla soglia si voltò verso il giovane che era rimasto ai piedi della gradinata, lo guardò con rimprovero e compassione insieme. «E come diavolo si chiama?» domandò.

«Rosalia» disse il giovane «Rosalia Calaciura».

5 **ci siamo!** *fig loc* Es ist soweit! Da haben wir's! – 22 **una angustia** *fig lett* affanno, angoscia – 27 **una cote** Schleifstein – 27 **cavare** togliere, estrarre

In sacrestia il signor Blaser aveva già tirato fuori le sue cose: le disponeva sul lungo tavolo come strumenti chirurgici, con attenzione, con delicatezza; e davvero pareva che si stesse apprestando, nella sacrestia violentemente tagliata da fasci di sole che spiovevano dalle alte finestre a grata, sotto lo sguardo equivocamente casto e sadico di vescovi ed arcipreti cui la luce dava risalto sulle tele consunte, tra i grandi armadi di noce scuro, nello strano odore di cera e di incenso, di vainiglia e di muffa, una tetra operazione chirurgica o di tortura. Le ragazze guardavano le mani del signor Blaser come affascinate; ed anche l'arciprete.

Dalla porta l'autista ruppe quell'atmosfera di torbida ansietà gridando «signor Blaser, una parola: permette?» e il signor Blaser si volse: sorpreso, quasi indignato, gli occhi più del solito gelidi. L'autista gli fece, con l'indice della destra, segno che si avvicinasse. Lo svizzero gonfiò le guance a sbuffare fastidio ('il soffiatore', pensò l'autista), si mosse con offensiva lentezza.

«Lei ha capito che paese è questo?» gli sussurrò nell'orecchio l'autista.

«Ho capito» disse il signor Blaser.

«Mafia: paese di mafia» disse l'autista.

«Ho capito».

«Sa cosa è la mafia?».

«Me ne infischio» disse sillabando, con stento, il signor Blaser.

«Io no» disse l'autista «e se vuole un consiglio da fratello, ci pensi su mille volte prima di dire "me ne infischio". Tra l'infischiarsene e il non infischiarsene c'è la differenza che passa tra il morire e il campare».

«Non capisco» disse il signor Blaser: e appunto in quel momento cominciava a capire qualcosa.

«E dunque si lasci consigliare» disse l'autista.

3 **apprestarsi (a)** *lett* prepararsi, disporsi – 6 **casto** keusch – 7 **consunto** abgenutzt *qui* verblichen – 12 **tọrbido** cupo, fosco, oscuro – 14 **indignato** → **indignare** entrüsten, empören – 24 **infischiarsene** *verbo pron* non preoccuparsi, non curarsi di qc o qu

«Via» disse il signor Blaser: e voleva dire 'avanti col consiglio, sbrighiamoci'.

«C'è tra queste una ragazza che lei non deve prendere: si chiama Rosalia Calaciura».

«Non devo prenderla?».

«Sì: scartare, scartare subito… Non buona».

«Età non giusta?» domandò il signor Blaser. «Oppure…?» si toccò la fronte a significare deficienza mentale.

«No» disse l'autista, impaziente «da questo lato è a posto: ma non bisogna prenderla, e basta».

«E basta?».

«E basta»; l'autista mostrò il pugno, aprì a squadra l'indice e il pollice, per tre volte fece cadere il pollice sull'indice, come il cane di un fucile: «pam pam pam: a noi, a me ed a lei… Ci fanno fuori».

«Chi?».

«L'innamorato: quello che non vuole che la ragazza parta».

«Ah!» fece il signor Blaser voltandogli le spalle.

'La prende,' pensò l'autista 'com'è vero Dio, la prende: per corrivo, per prepotenza; e per farmi dispetto. Ma se io fossi al posto di quel poveretto che aspetta fuori, una lezione gliela darei. E quello invece se la prenderà con me: nessuno gli farà entrare nella testa che questo qui non sente ragioni, penserà che io non ho voluto mettere la buona parola'.

Era cominciato l'esame. L'autista si fece attento per vedere chi, tra quelle ragazze, fosse Rosalia Calaciura. Erano quattordici. Trascelse le più belle: tre. Ma subito una delle tre fu chiamata con un altro nome. Ne restavano due: ma nessuna delle due era Rosalia.

12 **a squadra** im rechten Winkel – 14 **fare fuori qu** *gerg* ammazzare, uccidere qu – 19 **corrivo** *agg lett qui* aus Leichtfetigkeit – 20 **per fare dispetto** con l'intenzione di dispiacere, contrariare – 27 **trascẹgliere** (*raro*) scegliere con diligente attenzione, selezionare

Rosalia non era bella: a guardarla bene, attentamente, poteva magari apparire graziosa; bella no di certo. Era piccola, bruna. E nell'esame fu tra le più svelte.

Il signor Blaser, appena ebbe detto «basta» all'esame di Rosalia, guardò dalla parte dell'autista. Questi gli fece cenno di no con la testa. Il signor Blaser stette per un momento assorto. Si volse poi all'arciprete.

«Non voglio grane» disse.

«Come?» si stupì l'arciprete.

«Grane, guai, incidenti» disse il signor Blaser, pronunciando male ma mostrando insospettata ricchezza di vocabolario.

Sul collo sfilato la testa dell'arciprete girò come su una pertica: gli occhi scasati, la bocca aperta quasi a gonfiare nell'aria, come un personaggio da fumetto, una vescica di esclamativo stupore.

«Questa ragazza ha un fidanzato?» domandò il signor Blaser.

«No» disse l'arciprete. E cominciava a capire.

«No» disse la madre di Rosalia.

«Io dico di sì» disse il signor Blaser.

«Non è un fidanzato» disse la madre di Rosalia «è soltanto uno che la vuole: un disoccupato, un perdigiorno. Ma su mia figlia comando io».

«Non è vero che è un perdigiorno» disse Rosalia «è uno che non trova lavoro».

«Vuole rovinarti» disse la madre.

«Non vuole rovinarmi: è che mi vuole bene... Ma io in Svizzera voglio andarci anche per questo: per farmi una dote, per sposarmi».

«Pensi a farti una dote» insorse la madre «e ti scordi della miseria che abbiamo in casa e della speranza che abbiamo in quei quattro soldi che potrai mandarmi dalla Svizzera».

5 **fare cenno di no** *loc* den Kopf schütteln – 8 **una grana** *fam* problema, seccatura – 10 **un guaio** difficoltà, fastidio (Unannehmlichkeit) – 12 **sfilato** hochgereckt – 12 **una pẹrtica** bastone, stanga – 13 **scasato** → **scasare** *siciliano* uscire di casa in massa – 22 **un perdigiorno** Taugenichts – 26 **una dote** Aussteuer – 29 **una misẹria** povertà estrema

«Manderò qualcosa a voi: ma in Svizzera ci vado per farmi la dote».

«Basta» disse il signor Blaser «la prendo».

L'autista uscì dalla sacrestia, attraversò la chiesa deserta. Il giovane lo aspettava appoggiato all'automobile.

«Te lo avevo detto» disse l'autista.

«L'ha presa?».

«Come se io non gli avessi detto niente... Una testa, caro mio... E per di più ha fatto capire che tu volevi mettere impedimento. La vecchia si è arrabbiata, ha detto che sei un buono a nulla e che vuoi rovinargli la figlia: ma la ragazza ti ha difeso».

«Mi vuole bene» disse il giovane.

«Ti vuole bene, e se ne va in Svizzera» disse con ironia l'autista.

«Il sazio non crede a chi è a digiuno» si risentì il giovane.

«Non sono così sazio da non credere a chi digiuna» disse l'autista «solo voglio dire che tu potevi convincere lei a non far domanda per la Svizzera, a non presentarsi all'esame; e se lei non ha voluto ascoltarti, vuol dire che ha le sue ragioni: o ti vuole un po' meno bene di quanto tu credi, o non ne può più della miseria...».

«Non ne può più» disse il giovane.

«E dunque, se davvero tu le vuoi bene, lasciala andare... Tornerà, è una ragazza tenace, tornerà... E vi sposerete».

«Se io trovassi lavoro...» disse il giovane.

«Lo troverai: con tutta la gente che se ne va, il lavoro a chi resta non dovrebbe mancare».

«Il fatto è che più gente se ne va, più il paese diventa povero».

«Non può essere» disse l'autista, che all'economia applicava semplice aritmetica.

15 **sazio** satt – 15 **ẹssere a digiuno** ≠ essere sazio

«Non è come quando si sta seduti in molti su una panca, stretti, stretti, pigiati: che uno si alza e gli altri tirano respiro e si mettono più comodi... Qui nessuno è seduto: e chi se ne va, gli altri nemmeno se ne accorgono; o si accorgono solo che il paese si va facendo vuoto».

«Non è un discorso chiaro» disse l'autista.

«No, non è chiaro» convenne il giovane.

«Ma perché non te ne vai in Svizzera anche tu? In Svizzera, in Germania... La Germania è a due passi dalla Svizzera».

«Ci sono già stato in Germania, per tre mesi... Ma io dico: l'uomo non è un cane... Può starsene straregnato, in un paese non suo, a soffrire perché tutto questo gli manca» accennò alla chiesa, alla piazza intorno, al cielo che si struggeva nell'oro del tramonto «ma il diritto non deve levarglielo nessuno».

«Il diritto? E che, non ti pagavano?».

«Mi pagavano, il conto ad ogni venerdì sera tornava fino al centesimo: onesti, precisi. Ma io voglio dire il diritto di essere come ora qui: che ci siamo appena conosciuti, ma lei è una persona e io sono una persona, e siamo uguali, e parliamo... Con loro invece è diverso: non ci vedono, ecco, non ci vedono... E uno si sente come una mosca appesa a un filo di ragno, a dondolare su quei loro bicchieri di birra... La birra! Cristo santo, la birra!...».

«Eh sì» disse l'autista: e per i ricordi che improvvisamente l'assalirono si sentì nelle ossa una incrinatura di gelo.

«Ed è per questo che il pensiero che lei debba fare la prova che ho fatto io, mi fa impazzire: anche se si tratta della Svizzera...».

«Lei è donna» disse l'autista «le donne si adattano: mutano di abitudini e di sentimento... Una donna tu la lasci che pulisce una stalla e la ritrovi qualche mese dopo che è una signora».

2 **pigiato** → **pigiare** schiacciare, pressare (gedrängt) – 11 **straregnato** essere fuori del regno, emigrare *espressione arcaica che richiama l'epoca del Regno delle Due Sicilie* – 25 **un'incrinatura di gelo** Schüttelfrost

«Questo è vero» disse il giovane.

«E poi, sai che ti dico? Tutto è destino. Svizzera o no, se è destino che devi sposarla la sposerai; e se è destino che devi perderla, la perderai».

Il signor Blaser venne fuori dalla chiesa. Dietro di lui sciamarono le ragazze.

«Me ne vado» disse il giovane «e grazie lo stesso».

«Di niente: auguri» disse l'autista.

Il signor Blaser si avvicinò alla macchina.

«Paese selvaggio» disse.

5 **sciamare** *fig* partire, allontanarsi in massa (ausschwärmen) – 10 **selvaggio** wild

Biografia

Leonardo Sciascia, nato in Sicilia nel 1921, ha cominciato la sua attività di scrittore agli inizi degli anni 50. Già nella sua raccolta di poesie *La Sicilia e il suo cuore* (1952), Sciascia annuncia in parte quella che sarà una delle tematiche fondamentali delle sue opere: la Sicilia con la sua storia, con la sua cultura, con le sue tradizioni e con la sua realtà politica e sociale.

I suoi romanzi gialli *Il giorno della civetta* (1961), *A ciascuno il suo* (1966), e *Il contesto* (1971) si occupano del triste fenomeno della mafia.

Nel 1973 viene pubblicata la raccolta *Il mare colore del vino* con 13 racconti scritti tra il 1959 e il 1972.

Sciascia muore a Palermo il 20 novembre 1989.

Abreviazioni e simboli

agg	*aggetivo*
etw	etwas
f	*femminile*
fam	*familiare*
fig	*figurato*
franc	*francese*
gerg	*gergale*
ingl	*inglese*
jdm	jemandem
jdn	jemanden
lett	*letterario*
loc	*locuzione*
m	*maschile*
mar	*marina*
mil	*militare*
spreg	*spregiativo*
qc	qualcosa
qu	qualcuno
region	*regionale*
sost	sostantivo
volg	*volgare*
≠	contrario di
→	rimanda a un vocabolo della stessa famiglia

Der Wortakzent liegt im Italienischen in der Regel auf der vorletzten Silbe. Bei Ausnahmen ist der betonte Vokal in den Fußnoten mit einem Punkt gekennzeichnet: *ẹssere*